In diesem Heft findest du zu jedem Thema 12 Aufgaben, die du lösen sollst. Mit dem mini LÜK®-Kontrollgerät kannst du nun selbst prüfen, ob du diese Aufgaben richtig gelöst hast.

So wird es gemacht:

1. Öffne das mini LÜK®-Kontrollgerät und lege die Plättchen in den unbedruckten Deckel! Jetzt kannst du auf den Plättchen und im Geräteboden die Zahlen 1 bis 12 sehen.

2. Schlag nun Seite 2 im Heft auf! Hier siehst du 12 Rechnungen. Vor jeder Rechnung steht eine Zahl von 1 bis 12. Diese **roten Zahlen** entsprechen den **Zahlen auf den Plättchen.**
3. Nimm das Plättchen 1 und sieh dir die erste Rechnung im Heft an; 10 + 1 = [ ]!
4. Rechne nun die Aufgabe! Das Ergebnis ist 11.
5. Du musst deshalb das Plättchen 1 auf das Feld **11** des Gerätebodens legen, und zwar so, dass die Zahl nach oben zeigt.
6. So musst du weiterarbeiten, bis alle 12 Plättchen im Geräteboden liegen.
7. Wenn du fertig bist, schließe das Gerät und drehe es um! Öffne es dann von der Rückseite! Nun siehst du, dass die Plättchen ein Muster ergeben.
8. Auf der Seite 2 im Heft siehst du unter den Rechnungen ein **Muster.** Wenn dieses Muster mit jenem auf den Plättchen übereinstimmt, hast du alle 12 Aufgaben richtig gelöst.

W0332738

9. Passen einige Plättchen nicht in das Muster, dann hast du dort Fehler gemacht. Drehe diese Plättchen dort, wo sie liegen, um, schließe das Gerät, drehe es wieder um und öffne es! Jetzt kannst du sehen, welche Aufgaben du falsch gelöst hast.
10. Nimm diese Plättchen heraus und suche die richtigen Ergebnisse! Kontrolliere dann noch einmal! Stimmt jetzt das Muster?

Das System ist für alle Übungen dasselbe: Die roten Aufgabennummern im Heft entsprechen immer den mini LÜK-Plättchen aus dem Kontrollgerät. Die Lösungszahlen sagen dir, auf welches Feld des Kontrollgerätes du die Plättchen legen musst.

Und nun viel Spaß!

Immer 1 dazu

1	10 + 1 =	1	= 8 + 1
2	6 + 1 =	2	= 4 + 1
3	9 + 1 =	3	= 1 + 1
4	11 + 1 =	4	= 9 + 1
5	3 + 1 =	5	= 7 + 1
6	7 + 1 =	6	= 5 + 1
7	5 + 1 =	7	= 3 + 1
8	0 + 1 =	8	= 10 + 1
9	8 + 1 =	9	= 0 + 1
10	4 + 1 =	10	= 2 + 1
11	2 + 1 =	11	= 6 + 1
12	1 + 1 =	12	= 11 + 1

Ziehe 1 ab!

1		= 4 − 1
2		= 2 − 1
3		= 7 − 1
4		= 5 − 1
5		= 13 − 1
6		= 9 − 1
7		= 11 − 1
8		= 8 − 1
9		= 12 − 1
10		= 10 − 1
11		= 6 − 1
12		= 3 − 1

1	3 − 1 =	
2	7 − 1 =	
3	4 − 1 =	
4	2 − 1 =	
5	10 − 1 =	
6	6 − 1 =	
7	8 − 1 =	
8	13 − 1 =	
9	5 − 1 =	
10	9 − 1 =	
11	11 − 1 =	
12	12 − 1 =	

Das kannst du jetzt!

1	10 + 1 =	1	= 6 + 1
2	11 − 1 =	2	= 5 − 1
3	7 + 1 =	3	= 11 + 1
4	7 − 1 =	4	= 9 − 1
5	1 + 1 =	5	= 5 + 1
6	10 − 1 =	6	= 4 − 1
7	11 + 1 =	7	= 1 + 1
8	5 − 1 =	8	= 11 − 1
9	0 + 1 =	9	= 10 + 1
10	6 − 1 =	10	= 2 − 1
11	6 + 1 =	11	= 4 + 1
12	4 − 1 =	12	= 10 − 1

Einfache Plus- und Minusaufgaben

1. 9 + 1 =
2. = 9 − 1
3. 10 + 1 =
4. = 10 − 1
5. 4 + 1 =
6. = 8 − 1
7. 2 + 1 =
8. = 3 − 1
9. 11 + 1 =
10. = 5 − 1
11. 5 + 1 =
12. = 2 − 1

1. = 4 + 1
2. 4 − 1 =
3. = 1 + 1
4. 7 − 1 =
5. = 7 + 1
6. 5 − 1 =
7. = 11 + 1
8. 10 − 1 =
9. = 0 + 1
10. 12 − 1 =
11. = 6 + 1
12. 11 − 1 =

Wir addieren 1,2 oder 3

1	2 + 0 =	1	= 4 + 2
2	10 + 2 =	2	= 5 + 3
3	2 + 2 =	3	= 8 + 2
4	4 + 3 =	4	= 11 + 0
5	7 + 3 =	5	= 1 + 3
6	3 + 2 =	6	= 1 + 0
7	0 + 1 =	7	= 2 + 3
8	3 + 3 =	8	= 1 + 1
9	0 + 3 =	9	= 6 + 3
10	6 + 2 =	10	= 11 + 1
11	8 + 1 =	11	= 1 + 2
12	10 + 1 =	12	= 5 + 2

Hier musst du 1,2 oder 3 subtrahieren

1		= 6 − 2
2		= 4 − 3
3		= 9 − 3
4		= 5 − 2
5		= 12 − 0
6		= 5 − 3
7		= 9 − 0
8		= 9 − 2
9		= 6 − 1
10		= 12 − 2
11		= 12 − 1
12		= 10 − 2

1	13 − 1 =	
2	6 − 3 =	
3	8 − 1 =	
4	11 − 0 =	
5	3 − 2 =	
6	7 − 3 =	
7	7 − 2 =	
8	10 − 1 =	
9	9 − 1 =	
10	8 − 2 =	
11	4 − 2 =	
12	11 − 1 =	

Übe noch einmal das Gleiche!

1		=	2	+	1
2		=	0	+	1
3		=	4	+	2
4		=	1	+	3
5		=	10	+	2
6		=	2	+	0
7		=	7	+	3
8		=	5	+	2
9		=	4	+	1
10		=	6	+	3
11		=	10	+	1
12		=	6	+	2

1	11	+	1	=	
2	5	+	3	=	
3	7	+	2	=	
4	11	+	0	=	
5	1	+	2	=	
6	4	+	3	=	
7	3	+	2	=	
8	1	+	1	=	
9	8	+	2	=	
10	3	+	3	=	
11	3	+	1	=	
12	1	+	0	=	

Lauter Minusaufgaben

1	10 − 3 =
2	11 − 0 =
3	12 − 2 =
4	9 − 1 =
5	7 − 3 =
6	12 − 0 =
7	4 − 2 =
8	8 − 3 =
9	10 − 1 =
10	3 − 2 =
11	6 − 3 =
12	8 − 2 =

1	= 9 − 3
2	= 6 − 2
3	= 4 − 3
4	= 7 − 2
5	= 9 − 2
6	= 5 − 2
7	= 12 − 1
8	= 11 − 1
9	= 5 − 3
10	= 13 − 1
11	= 10 − 2
12	= 9 − 0

Plus und minus

1	0 + 1 =
2	12 − 1 =
3	7 + 3 =
4	9 − 1 =
5	2 + 2 =
6	9 − 3 =
7	1 + 1 =
8	7 − 2 =
9	6 + 3 =
10	9 − 2 =
11	2 + 1 =
12	12 − 0 =

1	= 10 + 2
2	= 12 − 2
3	= 4 + 3
4	= 8 − 3
5	= 1 + 0
6	= 10 − 1
7	= 10 + 1
8	= 7 − 3
9	= 0 + 2
10	= 8 − 2
11	= 5 + 3
12	= 5 − 2

Achte auf die Aufgabenstellung!

1	7 + 3 =
2	= 8 − 2
3	1 + 0 =
4	= 10 − 1
5	4 + 3 =
6	= 12 − 1
7	2 + 1 =
8	= 12 − 0
9	5 + 3 =
10	= 6 − 2
11	1 + 1 =
12	= 8 − 3

1	= 5 + 2
2	6 − 3 =
3	= 10 + 2
4	5 − 3 =
5	= 3 + 3
6	7 − 3 =
7	= 6 + 2
8	9 − 0 =
9	= 3 + 2
10	4 − 3 =
11	= 10 + 1
12	11 − 1 =

Zur Festigung

1. 8 = ___ + 2
2. 5 = ___ + 3
3. 10 = ___ + 1
4. 7 = ___ + 2
5. 4 = ___ + 1
6. 4 = ___ + 3
7. 11 = ___ + 0
8. 10 = ___ + 2
9. 11 = ___ + 1
10. 12 = ___ + 0
11. 7 = ___ + 3
12. 8 = ___ + 1

1. 4 = ___ + 2
2. 9 = ___ + 3
3. 6 = ___ + 2
4. 3 = ___ + 2
5. 12 = ___ + 2
6. 8 = ___ + 3
7. 9 = ___ + 2
8. 13 = ___ + 1
9. 5 = ___ + 2
10. 9 = ___ + 1
11. 9 = ___ + 0
12. 12 = ___ + 1

Suche auch hier die richtige Lösung!

1	6 = ___ − 3	1	12 = ___ − 0
2	5 = ___ − 3	2	3 = ___ − 1
3	10 = ___ − 1	3	4 = ___ − 3
4	9 = ___ − 1	4	3 = ___ − 2
5	2 = ___ − 3	5	0 = ___ − 1
6	5 = ___ − 2	6	2 = ___ − 1
7	2 = ___ − 2	7	11 = ___ − 0
8	1 = ___ − 1	8	8 = ___ − 2
9	11 = ___ − 1	9	2 = ___ − 0
10	1 = ___ − 2	10	3 = ___ − 3
11	4 = ___ − 2	11	6 = ___ − 2
12	1 = ___ − 0	12	7 = ___ − 2

Addition und Subtraktion

1 = 12 + 0
2 = 1 + 2
3 = 3 + 4
4 = 2 + 3
5 = 0 + 1
6 = 2 + 2

7 = 11 + 0
8 = 5 + 4
9 = 0 + 2
10 = 3 + 3
11 = 3 + 5
12 = 5 + 5

1 8 − 6 =
2 9 − 0 =
3 8 − 3 =
4 6 − 5 =
5 12 − 1 =
6 12 − 2 =
7 10 − 3 =
8 7 − 4 =
9 9 − 3 =
10 9 − 1 =
11 13 − 1 =
12 9 − 5 =

Minus und plus

1	◯	= 10 − 1
2	◯	= 7 − 6
3	◯	= 10 − 4
4	◯	= 11 − 1
5	◯	= 12 − 0
6	◯	= 7 − 5
7	◯	= 8 − 4
8	◯	= 9 − 2
9	◯	= 9 − 4
10	◯	= 8 − 5
11	◯	= 11 − 0
12	◯	= 10 − 2

1	1 + 0 =
2	10 + 1 =
3	4 + 5 =
4	2 + 6 =
5	2 + 1 =
6	4 + 2 =
7	1 + 1 =
8	3 + 2 =
9	6 + 4 =
10	2 + 5 =
11	1 + 3 =
12	11 + 1 =

Ergänzungsaufgaben zur Addition

1. 5 + ___ = 9
2. 1 + ___ = 12
3. 2 + ___ = 10
4. 5 + ___ = 8
5. 4 + ___ = 6
6. 0 + ___ = 12
7. 1 + ___ = 10
8. 3 + ___ = 8
9. 2 + ___ = 9
10. 1 + ___ = 11
11. 8 + ___ = 9
12. 2 + ___ = 8

1. ___ + 2 = 7
2. ___ + 7 = 8
3. ___ + 0 = 9
4. ___ + 4 = 10
5. ___ + 6 = 9
6. ___ + 5 = 7
7. ___ + 1 = 13
8. ___ + 3 = 10
9. ___ + 2 = 12
10. ___ + 0 = 11
11. ___ + 4 = 8
12. ___ + 1 = 9

Achte auf die Aufgabenstellung!

1	9 = 2 +
2	11 = 0 +
3	8 = 4 +
4	10 = 2 +
5	12 = 2 +
6	12 = 0 +
7	7 = 5 +
8	8 = 3 +
9	7 = 4 +
10	9 = 8 +
11	10 = 1 +
12	9 = 3 +

1	9 = ☐ + 1
2	8 = ☐ + 5
3	12 = ☐ + 1
4	7 = ☐ + 6
5	10 = ☐ + 5
6	9 = ☐ + 5
7	10 = ☐ + 3
8	9 = ☐ + 0
9	8 = ☐ + 2
10	6 = ☐ + 4
11	13 = ☐ + 1
12	11 = ☐ + 1

Aufgaben zur Subtraktion

1	3	=		−	5
2	1	=		−	5
3	4	=		−	6
4	0	=		−	1
5	2	=		−	2
6	10	=		−	1
7	2	=		−	5
8	11	=		−	1
9	3	=		−	6
10	0	=		−	2
11	1	=		−	2
12	2	=		−	3

1	2	=	7	−	
2	5	=	9	−	
3	6	=	8	−	
4	4	=	10	−	
5	1	=	9	−	
6	4	=	7	−	
7	1	=	13	−	
8	2	=	12	−	
9	8	=	9	−	
10	2	=	13	−	
11	3	=	10	−	
12	0	=	9	−	

Welche Zahl gehört in die Leerstelle?

1	◯	−	4	=	4
2	◯	−	1	=	2
3	◯	−	1	=	10
4	◯	−	5	=	2
5	◯	−	2	=	3
6	◯	−	3	=	1
7	◯	−	0	=	1
8	◯	−	6	=	3
9	◯	−	2	=	10
10	◯	−	1	=	1
11	◯	−	4	=	2
12	◯	−	6	=	4

1	12	−		=	1
2	9	−		=	8
3	9	−		=	5
4	8	−		=	2
5	13	−		=	3
6	10	−		=	2
7	13	−		=	1
8	10	−		=	3
9	8	−		=	5
10	7	−		=	2
11	10	−		=	1
12	9	−		=	7

Aufgaben, die es in sich haben!

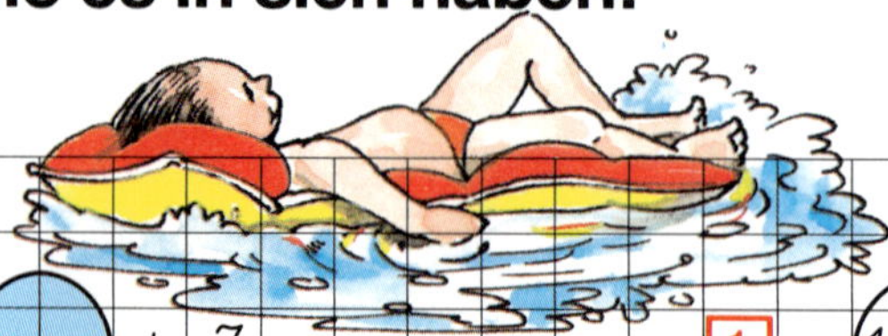

1. $8 = \_\_\_ + 7$
2. $10 = \_\_\_ - 1$
3. $12 = \_\_\_ + 2$
4. $4 = \_\_\_ - 4$
5. $9 = \_\_\_ + 5$
6. $2 = \_\_\_ - 4$
7. $9 = \_\_\_ + 7$
8. $3 = \_\_\_ - 2$
9. $10 = \_\_\_ + 1$
10. $2 = \_\_\_ - 5$
11. $7 = \_\_\_ + 4$
12. $10 = \_\_\_ - 2$

1. $10 = 1 + \_\_\_$
2. $4 = 6 - \_\_\_$
3. $9 = 4 + \_\_\_$
4. $0 = 10 - \_\_\_$
5. $12 = 1 + \_\_\_$
6. $3 = 10 - \_\_\_$
7. $9 = 5 + \_\_\_$
8. $2 = 10 - \_\_\_$
9. $12 = 0 + \_\_\_$
10. $6 = 9 - \_\_\_$
11. $7 = 1 + \_\_\_$
12. $3 = 4 - \_\_\_$

Addition und Subtraktion

1		−	2	=	3
2		+	3	=	10
3		−	2	=	1
4		+	1	=	13
5		−	4	=	5
6		+	7	=	9
7		−	4	=	2
8		+	7	=	8
9		−	4	=	0
10		+	2	=	13
11		−	6	=	4
12		+	1	=	9

1	11	−		=	1
2	1	+		=	12
3	10	−		=	2
4	1	+		=	10
5	6	−		=	4
6	1	+		=	13
7	8	−		=	5
8	2	+		=	7
9	8	−		=	1
10	4	+		=	8
11	9	−		=	8
12	3	+		=	9

Schwierig, schwierig!

1	0 + 2 =
2	1 + ___ = 11
3	___ + 4 = 9
4	2 + ___ = 9
5	10 + 1 =
6	1 + ___ = 10
7	___ + 7 = 8
8	3 + ___ = 7
9	10 + 2 =
10	1 + ___ = 9
11	___ + 2 = 8
12	7 + ___ = 10

1	○ = 4 + 5
2	8 = ○ + 3
3	6 = 4 + ○
4	11 = ○ + 1
5	○ = 3 + 5
6	12 = ○ + 0
7	10 = 6 + ○
8	12 = ○ + 1
9	○ = 2 + 5
10	10 = ○ + 7
11	9 = 8 + ○
12	8 = ○ + 2

Auch hier musst du aufpassen!

1	◯ = 10 + 2	1	10 + 1 = ___
2	10 = ◯ + 2	2	4 + ___ = 8
3	9 = 6 + ◯	3	___ + 1 = 9
4	12 = ◯ + 1	4	2 + ___ = 8
5	◯ = 3 + 6	5	1 + 1 = ___
6	9 = ◯ + 2	6	4 + ___ = 7
7	8 = 3 + ◯	7	___ + 1 = 13
8	6 = ◯ + 4	8	2 + ___ = 12
9	◯ = 1 + 3	9	0 + 1 = ___
10	10 = ◯ + 4	10	3 + ___ = 8
11	12 = 2 + ◯	11	___ + 3 = 10
12	7 = ◯ + 6	12	1 + ___ = 10

Das ist nicht mehr ganz einfach!

1	___ = 12 − 2
2	5 = ___ − 3
3	1 = 12 − ___
4	7 = ___ − 2
5	___ = 9 − 4
6	1 = ___ − 0
7	3 = 6 − ___
8	1 = ___ − 1
9	___ = 10 − 4
10	2 = ___ − 2
11	0 = 12 − ___
12	5 = ___ − 2

1	9 − 6 = ___
2	10 − ___ = 4
3	___ − 0 = 1
4	8 − ___ = 4
5	10 − 3 = ___
6	8 − ___ = 3
7	___ − 4 = 6
8	12 − ___ = 0
9	6 − 4 = ___
10	10 − ___ = 1
11	___ − 3 = 5
12	12 − ___ = 1

Für gute Rechner!

1	8 − 2 = ___	1	___ = 10 − 2
2	10 − ___ = 0	2	12 = ___ − 0
3	___ − 0 = 1	3	3 = 13 − ___
4	8 − ___ = 3	4	1 = ___ − 6
5	9 − 2 = ___	5	___ = 9 − 5
6	10 − ___ = 1	6	1 = ___ − 10
7	___ − 1 = 10	7	8 = 9 − ___
8	6 − ___ = 2	8	4 = ___ − 2
9	8 − 6 = ___	9	___ = 10 − 1
10	13 − ___ = 1	10	2 = ___ − 0
11	___ − 4 = 4	11	6 = 9 − ___
12	8 − ___ = 5	12	1 = ___ − 4

Wer schafft das ohne Fehler?

1. 9 = 2 + ___
2. 5 = 10 − ___
3. 6 + 4 = ___
4. 8 − 6 = ___
5. ___ = 1 + 3
6. ___ = 13 − 1
7. ___ + 2 = 10
8. ___ − 1 = 10
9. 9 = ___ + 0
10. 0 = ___ − 1
11. 6 + ___ = 9
12. 8 − ___ = 2

1. ___ + 5 = 8
2. ___ − 7 = 1
3. ___ = 10 + 1
4. ___ = 9 − 5
5. 2 + 3 = ___
6. 7 − 6 = ___
7. 12 = 2 + ___
8. 4 = 6 − ___
9. 3 + ___ = 9
10. 10 − ___ = 1
11. 13 = ___ + 1
12. 2 = ___ − 5

Setze die fehlenden Zahlen ein!

1. ☐ + 1 = 12
2. ☐ − 2 = 5
3. ☐ = 2 + 7
4. ☐ = 13 − 1
5. 1 + 2 = ☐
6. 10 − 2 = ☐
7. 9 = 3 + ☐
8. 7 = 8 − ☐
9. 2 + ☐ = 12
10. 9 − ☐ = 4
11. 7 = ☐ + 3
12. 1 = ☐ − 1

1. 9 = 8 + ☐
2. 4 = 8 − ☐
3. 2 + 4 = ☐
4. 10 − 2 = ☐
5. ☐ = 10 + 2
6. ☐ = 8 − 5
7. ☐ + 7 = 9
8. ☐ − 8 = 2
9. 13 = ☐ + 2
10. 1 = ☐ − 6
11. 4 + ☐ = 9
12. 10 − ☐ = 1

Immer 12

1 5 + ▢ = 12
2 7 + ◯ = 12
3 8 + ▢ = 12
4 10 + ◯ = 12
5 2 + ▢ = 12
6 0 + ◯ = 12
7 4 + ▢ = 12
8 1 + ◯ = 12
9 9 + ▢ = 12
10 11 + ◯ = 12
11 3 + ▢ = 12
12 6 + ◯ = 12

1 12 = 8 + ▢
2 12 = 4 + ▢
3 12 = 1 + ▢

4 12 = 9 + ▢
5 12 = 7 + ▢
6 12 = 11 + ▢

7 12 = 3 + ▢
8 12 = 10 + ▢
9 12 = 6 + ▢

10 12 = 2 + ▢
11 12 = 0 + ▢
12 12 = 5 + ▢

Wer kann's am schnellsten?

1	7 = 12 − ☐
2	2 = 12 − ☐
3	10 = 12 − ☐
4	0 = 12 − ☐
5	4 = 12 − ☐
6	3 = 12 − ☐
7	6 = 12 − ☐
8	8 = 12 − ☐
9	5 = 12 − ☐
10	1 = 12 − ☐
11	11 = 12 − ☐
12	9 = 12 − ☐

1	12 − ☐ = 8
2	12 − ◯ = 0
3	12 − ☐ = 5
4	12 − ◯ = 9
5	12 − ☐ = 11
6	12 − ◯ = 7
7	12 − ☐ = 3
8	12 − ◯ = 6
9	12 − ☐ = 10
10	12 − ◯ = 2
11	12 − ☐ = 4
12	12 − ◯ = 1

Zu guter Letzt

1	10 = ☐ + 6	1	2 + ☐ = 8
2	8 − 3 = ☐	2	☐ = 10 − 1
3	7 = ☐ + 5	3	8 + ☐ = 9
4	10 − ☐ = 7	4	3 = ☐ − 2
5	9 = 1 + ☐	5	☐ + 3 = 10
6	☐ − 2 = 10	6	0 = 10 − ☐
7	10 = 1 + ☐	7	☐ + 2 = 13
8	☐ − 0 = 11	8	5 = 8 − ☐
9	9 = ☐ + 2	9	6 + ☐ = 8
10	☐ − 6 = 4	10	1 = 13 − ☐
11	6 = 5 + ☐	11	☐ + 2 = 10
12	9 − ☐ = 3	12	2 = ☐ − 2